小公主
蘇菲亞

跟蘇菲亞學禮儀

新雅文化事業有限公司
www.sunya.com.hk

大家好！我叫蘇菲亞，是一位公主。

相信你也知道，公主們都要有良好的禮儀。我不是一出生就是一位公主，所以我要學習很多東西。

在家人和朋友的幫助下，我漸漸學會成為一位真正的公主。

我很想跟你分享我的故事，然後你也可以跟我分享你的故事啊！

我們在皇家學院裏學習到很多不同的禮儀。今天，老師教我們倒茶的正確方法。我試着倒了一遍又一遍，可是還是弄得一團糟。花拉仙子告訴我要不斷地練習，她下星期會再考核我倒茶的技巧。我對她說：「謝謝你！」

有時我會擔心我永遠學不會如何成為一位真正的公主。我總覺得每一個人懂得的都比我多。如果我想成為一位最好的公主，我便需要別人的幫忙。

詹姆士是一個很懂得禮儀的人。他會先給我和我的朋友倒茶，然後才給自己倒茶。我問他：「請問，你可以教我一些正確的禮儀嗎？」詹姆士十分樂意把他所知道的全部教給我。

詹姆士還教我一些餐桌禮儀。在吃西餐時，我永遠都記不住應該用哪一隻叉子才對，他會耐心地教導我。他又提醒我進食前要把餐巾放在大腿上，同時向我解釋在餐桌上不能隨便打斷別人說話。

「謝謝你！」我對他說。

「不客氣！」詹姆士說。

　　一位真正的公主一定懂得跳舞的。「請問，你能教我跳舞嗎？」我問安柏。安柏把她所懂得的都教給我。她又提醒我如果不小心撞到別人時，要說「對不起」。她還向我示範如何行屈膝禮。

　　「謝謝你！」我對她說。

　　「不客氣！」安柏說。

羅倫國王知道我要學習很多事情。他提醒我不需要一下子便學
會所有的禮儀。

「你只要盡力就可以了！」他對我說。

我很想學習成為一位真正的公主，但有時我只想做回我自己，
並盡情地玩樂，所以，我會跟我的動物朋友們一起去野餐。
「謝謝你，蘇菲亞！」他們一起歡呼道。
「不客氣！」我對他們說。

現在輪到你告訴我關於你的故事了！

在接下來的書頁裏，請你把你所懂得的或是你想學的東西記下來。

很快你就能成為一位懂得禮儀的小公主了。

我的禮儀書
一本關於我的書

我的名字是：

_____

請在這裏貼上你的照片。

蘇菲亞正在學習如何做到公主應有的禮儀。

我也正在努力學習禮儀啊！
我知道我該懂得做以下這些事情的：

當我向別人提出請求時，
我會説「請」。

當別人幫助我時，
我會説「謝謝」。

當我不想要別人給我的東西時，
我會説「不用了，謝謝你」。

當有人向我道謝時，
我會説「不客氣」。

我很樂意與人分享我的玩具。

✻

當我需要向別人拿取一些東西，
而他正在忙碌時，我會説「麻煩你」。

✻

當我不小心撞到別人時，
我會説「對不起」。

✻

當我想進入別人的房間時，
我會先敲門，待對方同意後再進入。

我知道學習良好的禮儀是需要不斷練習的。

當別人送禮物給我時，我會說「謝謝」。

這是我曾經收到過最喜歡的禮物：

（請在下面畫出來。）

當我認識新朋友時，我會說「很高興認識你」。

我今年認識了一些新朋友，他們的名字是：

蘇菲亞正在學習皇家餐桌禮儀。

我也正在學習良好的餐桌禮儀呢！

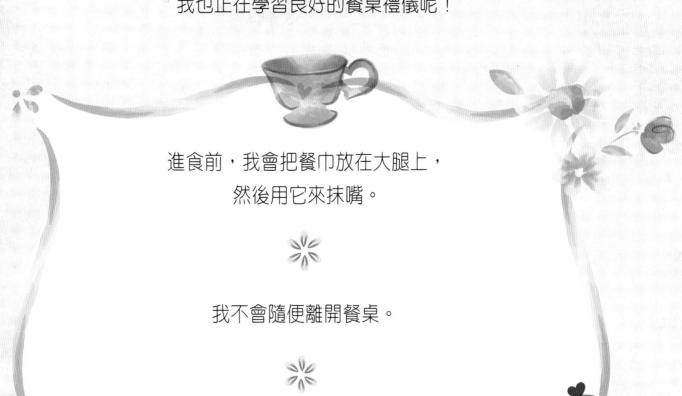

進食前，我會把餐巾放在大腿上，
然後用它來抹嘴。

我不會隨便離開餐桌。

我願意嘗試新食物，不會偏食。

我最喜歡的食物有：（但我也不會吃過量）

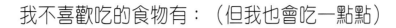

我不喜歡吃的食物有：（但我也會吃一點點）

當我有能力幫助別人的時候，我一定會幫助。

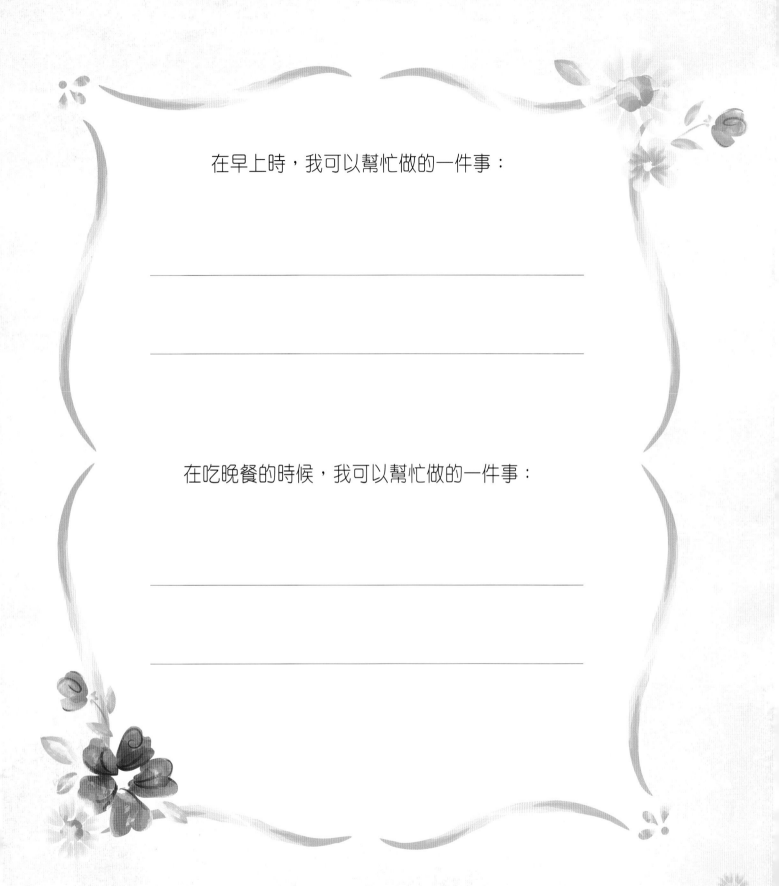

在早上時，我可以幫忙做的一件事：

_____

_____

在吃晚餐的時候，我可以幫忙做的一件事：

_____

_____

以下是我能幫助朋友做的一件事：

以下是我能幫助家人做的一件事：

_____

_____

_____

好了，終於完成了！這是一本關於我自己的書。
相信我和小公主蘇菲亞一樣，一定會盡力做到最好！